Inhalt

Risikotragfähigkeit - wie weit sind die internen Risikomanagementsysteme aus Sicht der BaFin?

Kernthesen

Beitrag

Fallbeispiele

Weiterführende Literatur

Impressum

GENIOS WirtschaftsWissen Nr. 12/2005 vom 07.12.2005

Risikotragfähigkeit - wie weit sind die internen Risikomanagementsyste aus Sicht der BaFin?

G.Dengl

Kernthesen

- Die internen Risikomanagementsysteme von Banken werden durch die neuen MaRisk, die Anfang 2007 in Kraft treten sollen, erstmalig umfänglich geprüft. Insbesondere wird zukünftig die Aufsicht davon zu überzeugen sein, dass die Risikotragfähigkeit der Institute geben ist, und dass sich die Institute gegegen alle

vorhersehbaren Risiken entsprechen abgesichert haben.
- In einem besonderen Fokus werden dabei die operationellen Risiken stehen. Für diese Risiken, die aus Prozessen, IT, Personal oder externer Ereignisse hervorgehen, wird nun erstmalig auch explizit Eigenkapital zu hinterlegen sein.
- Die Prüfung der internen Risikomanagementsysteme soll laut BaFin als qualitativer Aspekt einer ganzheitlichen Beaufsichtigung verstanden werden. Von Seiten der Banken wird jedoch kritisiert, dass sich die Aufsicht zu stark in das Geschäft und die Geschäftstrategie der Banken einmischt.

Beitrag

Die Beurteilung der eigenen Risikotragfähigkeit ist ein Kernelement der internen Risikomanagementsysteme der Banken. Im Rahmen der Einführung der MaRisk wird die Finanzaufsicht zukünftig die Angemessenheit der Risikomanagementsysteme bewerten - dagegen wehren sich wiederum die Banken, weil sie einen zu starken Eingriff in ihre Geschäftstrategie befürchten.

Die Risikotragfähigkeit ist ein zentrales Konstrukt aus dem Risikomanagement von Unternehmen vor allem in der Finanzdienstleistungsbranche. Sehr abstrakt formuliert, besteht der Zweck dieser Branche darin, Risiken einzuschätzen, zu übernehmen oder weiterzuverkaufen. Am direktesten ist dies in der Versicherungsbranche zu erkennen, in der die gesamte Unternehmensaktivität auf die Übernahme von Risiken zielt, aber auch die Bankwirtschaft beschäftigt sich im Kern mit Risiken. Aus eigenem ökonomischen Interesse haben Banken und Versicherungen deshalb seit Jahren Risikomanagement-Systeme im Einsatz, die sie auch selbständig weiterentwickeln. Mittlerweile werden starke Tendenzen spürbar, dass die Finanzaufsicht zunehmend auch Mindestanforderungen an die Risikomanagementsysteme formulieren möchten. Für Versicherungen wird dies im Rahmen von Solvency II geschehen, für Banken geschieht es im Rahmen von Basel II bzw. der MaRisk. (4), (9)

Bankenaufsicht möchte zukünftig auch Risikomanagement überprüfen

Im Rahmen der Basel-II-Umsetzung in Deutschland

werden die Risikomanagement-Systeme der Banken nun zukünftig von der Bundesanstalt für Finanzdienstleistungsaufsicht (BaFin) daraufhin geprüft, ob sie bestimmte Mindestanforderungen erfüllen. Die Notwendigkeit dazu ergibt sich indirekt aus der Säule zwei von Basel II, dem so genannten Supervisory Review Process (SRP), zu Deutsch: aufsichtliches Überprüfungsverfahren.
Die Säulen eins und drei des Basler Papieres (Mindesteigenkapitalanforderungen und Marktdisziplin) werden in der Solvabilitätsverordnung kodifiziert, Säule zwei in den neuen Mindestanforderungen für das Risikomanagement (MaRisk). Die MaRisk sind eine Zusammenführung und Aktualisierung der bereits existierenden Mindestanforderungen an das Kreditgeschäft (MaK), an das Handelsgeschäft (MaH) und an die interne Revision (MaIR).
Beide Texte liegen derzeit im Entwurf vor und werden 2007 in Kraft treten. (9)

ICAAP setzt vor allem auf Risikotragfähigkeit

Ein Schwerpunkt des aufsichtlichen Überprüfungsverfahrens ist der so genannte "Internal

Capital Adequacy Assessment Process" (ICAAP). Danach ist von den Unternehmen sicherzustellen, dass entsprechend dem individuellen Risiko-Profil genügend "internes Kapital" zur Abdeckung aller relevanten Risiken vorhanden ist. Hierbei wird vor allem auf das Konzept der Risikotragfähigkeit abgestellt. (11)

Risikokapitalberechnung unterscheidet verschiedenen Risikokategorien

Damit die Geschäftsleitung ihre Verantwortung der Leitung und Steuerung wahrnehmen kann, benötigt sie ein Risiko-Management-Instrumentarium. Dieses setzen sich zusammen aus:
- der Strategie
- der Risikotragfähigkeit und
- den internen Kontrollverfahren.

Die Risikotragfähigkeit wurde schon innerhalb der MaK hervorgehoben, gewinnt nun aber auf Grund der Betrachtung über alle wesentlichen Risiken noch mehr an Bedeutung. (11)
Um die Risikotragfähigkeit eines Institutes zu ermitteln werden zunächst die Risiken identifiziert,

denen sich ein Institut ausgesetzt sieht. Es sind dies im Falle einer Bank klassischerweise:
- Kredit- oder Adressausfallrisiken
- Marktrisiken
- operationelle Risiken
- Geschäftsrisiken

Jedes dieser Risiken wird vom Institut selbst gemessen bzw. eingeschätzt. Die Einschätzung, wie viel Kapital bereitzustellen ist, um jedes Risiko aufzufangen, sollte es sich verwirklichen, führt zu einem absoluten Risikobetrag je Risikokategorie. Zusammen genommen ergibt sich das Risikokapital des Gesamtunternehmens. Dieses Risikokapital wird dem zur Verfügung stehenden Risikodeckungs-Potential, sprich Eigenkapital, gegenübergestellt. In der Regel wird dazu das haftende Eigenkapital gemäß § 10 Abs. 2 S.2 KWG herangezogen (d.h. Kern- und Ergänzungskapital vermindert um einige Abzugspositionen). Solange das Risikokapital geringer ist als das bereitgestellte Eigenkapital ist die Risikotragfähigkeit gegeben. Sollte das Risikokapital jedoch höher sein, muss das Management reagieren und die Bank aus der Risikoposition herausmanövrieren. (8)

Fallbeispiele

Risikoaggregation mit Kopulas

Während die Einschätzung der Einzelrisiken, wie z.B. Adressausfallrisiken, Marktrisiken, operationelle Risiken etc. noch relativ nachvollziehbar ist, so ist die Ermittlung einer Gesamtrisikoziffer, die alle Risiken umfasst, schon um Einiges komplexer. In der Regel sind die Risiken nicht unabhängig voneinander, sondern korrelieren in unterschiedlichem Maße miteinander. Diese Korrelation muss gemessen und in der Berechnung des Gesamt-Risikokapitals berücksichtigt werden. Berechnungsverfahren, die Kopulas verwenden, sind hierbei aufgrund bestimmter mathematischer Vorteile (beliebige Verlustverteilungen, auch non-lineare Korrelationen abbildbar) flexibler und gängigen Verfahren, wie beispielsweise der weit verbreiteten Value-at-Risk-Aggregation über verschiedene Risikokategorien, überlegen.
Dies ist insbesondere darum bedeutsam, weil die Wahl des Aggregationsverfahrens einen entscheidenden Einfluss auf die Ermittlung der Risikotragfähigkeit hat. [1]

Tools zur Unterstützung des Managements operationeller Risiken besonders für kleinere und mittelgroße Institute

Nachdem das Operational Risk Center (ORC) innerhalb der Sparkassen-Finanzgruppe vor allem bei größeren Instituten schon seit Jahren in über 30 erfolgreichen Projekten implementiert und kontinuierlich verbessert wurde, hat die Firma Interexa AG nun mit ORC Express eine Variante auf den Markt gebracht, die vor allem mittlere und kleinere Institute anspricht. Das Tool wird vor allem wegen seiner Flexibilität und vergleichsweise leichten Anwendbarkeit geschätzt. (7)
Ein ähnliches Tool hat BV Risk Solutions, Tochter der Bank-Verlag GmbH in Köln im Programm: BV Op-Risk. Die Lösung wird vom Bank-Verlag als Application Service Provider betrieben und erlaubt Kunden die Online-Anbindung. (6)

Weiterführende Literatur

(1) Risikoaggregation mit Kopulas
aus Die Bank, Heft 08/2005, S. 56-59

(2) BaFin wehrt sich gegen Regulierungsexzesse Sanio

zum Selbstverständnis der Finanzaufsicht
aus Börsen-Zeitung, 15.10.2005, Nummer 199, Seite 6

(3) Banken fordern Regulierungspause Bayerischer Verband prangert Belastung an - Trumpfkarte Internationalisierung
aus Börsen-Zeitung, 10.11.2005, Nummer 217, Seite 6

(4) Das Risiko im Blick
aus Süddeutsche Zeitung, 26.09.2005, Ausgabe Deutschland, S. 24

(5) Kreditwirtschaft skeptisch bei MaRisk Branche hält Befugnisse der BaFin für zu hoch - Konsultation bis 7. November
aus Börsen-Zeitung, 24.09.2005, Nummer 185, Seite 5

(6) Risiko-Management-Lösungen, Studie zu IT-Ausgaben Bank-Verlag BV Risk Solutions gegründet
aus Zeitschrift für das gesamte Kreditwesen Ausgabe Technik 04 vom 15.11.2005 Seite 010

(7) Ein flexibles Software-System für ein wirksames OpRisk Management Zentrale Risikokategorie überwachen
aus Die SparkassenZeitung, 04.11.2005, Nr. 44, S. B12

(8) Kreditportfolio-Management als stratische Ressource
aus Zeitschrift für das gesamte Kreditwesen 22 vom 15.11.2005 Seite 1246

(9) Basel II - eine Nummer zu groß für kleine

europäische Banken? Bekannte Strophen des Baseler Klageliedes entsprechen nicht den Tatsachen - Aufsicht will erreichen, dass Banken Risiken besser erkennen und managen
aus Börsen-Zeitung, 03.09.2005, Nummer 170, Seite B1

(10) Operationelles Risiko: Rating von IT-Risiken
aus RATING aktuell, Heft 6/2005, S. 58-61

(11) MaRisk: (R)Evolutionärer Prozess der Bankenaufsicht
aus RATING aktuell, Heft 5/2005, S. 34-37

Impressum

Risikotragfähigkeit - wie weit sind die internen Risikomanagementsysteme aus Sicht der BaFin?

Bibliografische Information der deutschen Nationalbibliothek

Die Deutsche Nationalbibliothek verzeichnet diese Publikation in der deutschen Nationalbibliografie; detaillierte bibliografische Daten sind im Internet über http://dnb.d-nb.de abrufbar.

ISBN: 978-3-7379-0445-2

© 2015 GBI-Genios Deutsche Wirtschaftsdatenbank GmbH, Freischützstraße 96, 81927 München, www.genios.de

Alle Rechte vorbehalten. Dieses Werk ist einschließlich aller seiner Teile – z.B. Texte, Tabellen und Grafiken - urheberrechtlich geschützt. Jede Verwertung außerhalb der Grenzen des Urheberrechtsgesetzes bedarf der vorherigen Zustimmung des Verlags. Dies gilt insbesondere auch für auszugsweise Nachdrucke, fotomechanische Vervielfältigungen (Fotokopie/Mikroskopie), Übersetzungen, Auswertungen durch Datenbanken oder ähnliche Einrichtungen und die Einspeicherung und Verarbeitung in elektronischen Systemen.